Michael Nastasi

Bellen ist besser als Beißen

Aus dem Englischen von
Marlene Wagner

KNESEBECK

Danksagung des Fotografen

Großer Dank gebührt meiner Frau, Sue, für Ihre Hilfe, Unterstützung und Liebe; ebenso meiner Mutter dafür, dass sie es mir nie an diesen drei unentbehrlichen Dingen hat fehlen lassen: Hunden, Kunst und Liebe; den fantastischen Hunden, die mit mir und meiner Frau den Alltag geteilt haben – Mika, Rugby, Minnie, Ellie, Billie und Dewey. Danken möchte ich auch all jenen, die mich ermutigt haben, Hunde zu fotografieren, darunter Joan Young, M. Bari Khan und Jesper Haynes, ebenso Oakley und Aner für ihre schier endlose Geduld sowie dem großartigen Team von Chronicle Books, insbesondere Brooke Johnson. Und schließlich möchte ich all den wunderbar inspirierenden Hunden im Central Park danken – jenen von gestern, heute und morgen.

Bibliografische Information Der Deutschen Bibliothek
Die Deutsche Bibliothek verzeichnet diese Publikation in der Deutschen Nationalbibliografie; detaillierte bibliografische Daten sind im Internet über http://dnb.ddb.de abrufbar.

Titel der Originalausgabe: *Never bite when a growl will do*
Erschienen bei Chronicle Books LLC, San Francisco, Kalifornien, 2006

Deutsche Erstausgabe

Ein Unternehmen der La Martinière Groupe

Satz: satz & repro Grieb, München
Druck: South Sea International Press, Hongkong
Printed in China

ISBN-13: 978-3-89660-382-1
ISBN-10: 3-89660-382-5

www.knesebeck-verlag.de

Irren ist menschlich,

Verzeihen dagegen ist Sache von Hunden.

Seien Sie **kein Spielverderber.**

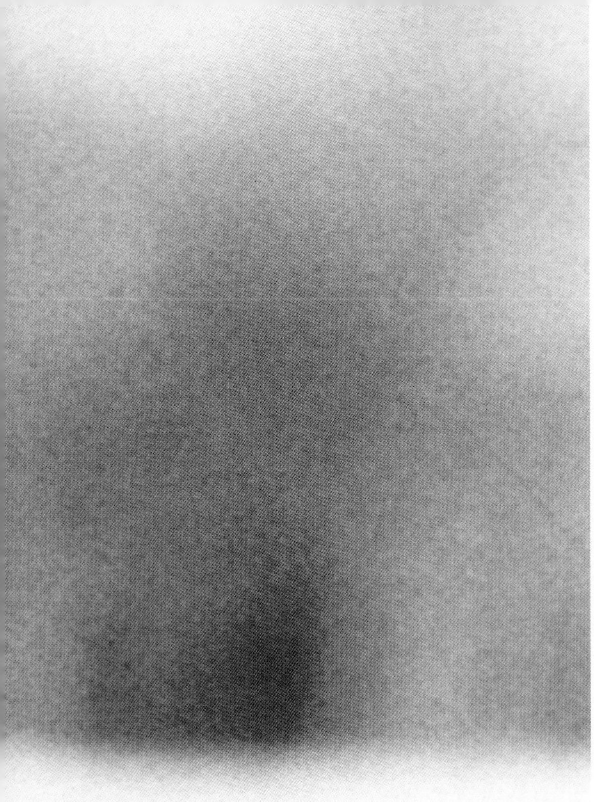

Bleiben Sie standhaft,

auch wenn Ihnen der Wind
kalt ins Gesicht bläst.

Bieten Sie Ihrem Freund

eine Schulter zum Anlehnen.

Wenn Zweifel an Ihnen nagen,
machen Sie erst mal

ein Nickerchen.

Das Leben ist ein ewiges

Geben und Nehmen.

Es ist in Ordnung,
wenn Sie mal traurig sind.

Teilen Sie brüderlich.

Zeigen Sie ruhig mal **Gefühle.**

Wenn das, was Sie haben wollen, vergraben liegt,

buddeln Sie einfach tiefer.

Lassen Sie es nicht zu,

dass jemand Sie anstarrt,
bis Sie beschämt den Blick senken.

Haben Sie ein offenes Ohr

für Ihre Freunde, wenn diese Sie brauchen.

Und denken Sie dran:

den Ball immer schön flach halten.

Seien Sie einfach nur Sie selbst.

Wenn es Ihrem eigenen Interesse dient,

üben Sie sich in Gehorsam.

Es schadet nichts, immer wieder

ein paar neue Tricks

zu lernen.

Jeder Tag ist ein guter Tag,

um sich selbst zu verwöhnen.

Stellen Sie sich schützend

vor Ihre Freunde.

Hinterfragen Sie Autoritäten.

Strahlen Sie Selbstsicherheit aus.

Wenn Sie den Mund zu voll genommen haben,

kauen Sie einfach etwas länger.

Geduld zahlt sich meistens aus.

Verteidigen Sie Ihr Revier.

Toben Sie sich mal so richtig aus.

Gönnen Sie sich Zeit, Ihren

Träumen

nachzuhängen.

Richten Sie Ihren Blick auf die Sonne, dann

sehen Sie die Schatten nicht.

Lachen Sie doch mal.

Bellen Sie leise, und

führen Sie immer einen großen Stock mit sich.

Auf die **innere Schönheit** kommt es an.

Unterschätzen Sie nicht, welche Macht Sie allein dadurch besitzen, dass Sie

süß aussehen.

Stellen Sie sich

neuen Herausforderungen.

Beginnen Sie jeden Tag

mit einem Lied auf den Lippen.

Üben Sie sich in **Achtsamkeit.**

Bellen Sie zurück,

wenn Sie angeschnauzt werden.

Keine Angst vor **neuen Freunden.**

Zeigen

Sie in jeder

Situation

Größe.

Überlegen Sie sich, mit wem Sie sich anlegen.

Und denken Sie dran:

immer schön
am Ball bleiben.

Wenn Sie etwas zu sagen haben ...

... dann sagen Sie es laut und deutlich!

Pflegen Sie einen

festen Händedruck.

Erkenne Dich selbst.

Lassen Sie's ruhig **raushängen.**

Nehmen Sie sich Zeit,

jeden einzelnen Grashalm zu beschnüffeln.

Es geht nichts über **vornehme Zurückhaltung.**

Bellen ist besser
als Beißen.

Und vergessen Sie nicht:

Es ist ein Hundeleben.